BEI GRIN MACHT SICH IHR WISSEN BEZAHLT

AF140355

- Wir veröffentlichen Ihre Hausarbeit,
  Bachelor- und Masterarbeit

- Ihr eigenes eBook und Buch -
  weltweit in allen wichtigen Shops

- Verdienen Sie an jedem Verkauf

Jetzt bei www.GRIN.com hochladen
und kostenlos publizieren

Bibliografische Information der Deutschen Nationalbibliothek:

Die Deutsche Bibliothek verzeichnet diese Publikation in der Deutschen National-
bibliografie; detaillierte bibliografische Daten sind im Internet über http://dnb.d-
nb.de/ abrufbar.

Impressum:

Copyright © 2018 GRIN Verlag
Druck und Bindung: Books on Demand GmbH, Norderstedt Germany
ISBN: 9783668823792

Dieses Buch bei GRIN:

https://www.grin.com/document/444792

Valenka Ray

Transatlantic Trade and Investment Partnership (TTIP). Eine kritische Auseinandersetzung

GRIN Verlag

Verwaltungs- und Wirtschaftsakademie Essen

Studienzentrum Hamburg

Hausarbeit

über das Thema

Transatlantic Trade and Investment Partnership TTIP -
Eine kritische Auseinandersetzung

von

Valenka Ray

Abgabedatum   2018-07-13

Inhaltsverzeichnis

1.Einleitung

Ein Freihandelsabkommen zwischen der USA und der Europäischen Union, soll mehr Arbeitskräfte und Vorteile für mittelständige Unternehmen einbringen, ebenso sollen dadurch enorme Kosten gespart werden,[1] hört sich im ersten für die Bevölkerung sehr gut an, doch so positiv wie sich das auch anhört gibt es auch negative Aspekte.

Doch was genau dieses Freihandelsabkommen Namens Transatlantic Trade and Investment Partnership mit sich führt, wird in den folgenden Punkten dieser Hausarbeit erkennbar. Im Laufe der Hausarbeit wird das Transatlantic Trade and Investment Partnership auch mit seiner Abkürzung TTIP verwendet.

Zunächst wird erklärt was ein Freihandelsabkommen ist und warum es Freihandelsabkommen zwischen Kontinenten und Länder gibt. Der Unterschied zwischen bilateralen und multilateralen Handel wird deutlich und die verschiedenen Themen des Freihandelsabkommen werden dargestellt. Ebenso wird in dem Punkt „Freihandelsabkommen", verständlich was der Unterschied zwischen tarifären und nicht-tarifären Handelshemmnissen ist.

In der theoretischen Grundlage wird anhand von Zahlen deutlich, wie schwer die USA und EU zusammenwirken. Folglich wird zu der Entwicklung eingegangen, das Dient dem historischen Verlauf des transatlantischen Handels nachzuvollziehen. Hier wird erkennbar, dass das entwickeln eines transatlantischen Abkommens schon lange geplant ist, doch bis jetzt noch kein Erfolg erkennbar war. Barak Obama führte schlussendlich die Verhandlungen zum Transatlantic Trade and Investment Partnership voran.

Die Zölle abzubauen ist Ziel des Abkommens, im Agrarhandel werden bis zu 205 Prozent an Zoll bezogen, dazu mehr im Kapitel 3.2. Im nächsten Kapitel wird deutlich das auch Drittländer davon profitieren könnten.

Eines der am kritisiertesten Punkte seitens der Bevölkerung ist die Transparenz der Verhandlungen bzw. das nicht ausreichend Vorhandensein der Transparenz. Dieser Punkt ist sehr umstritten, im Verlauf des Themas wird deutlich warum. Der im Punkt 3.4 erwähnte Leseraum, reicht nicht aus um die Bevölkerung still zu halten. Mehr Transparenz wird

---

[1] Vgl. Bundesministerium für Wirtschaft und Politik (2018), Zugriff am 26-06-2018., o.S.

gefordert und dies lässt sich bei der Politik nicht unbemerkbar machen. Die kritische Betrachtung ist in diesem Punkt ein Selbstläufer.

In einem Freihandelsabkommen ist es notwendig die Investitionsschutzbestimmungen einzubauen, die Wichtigkeit und Legitimation dieser, führten im Verlauf der Verhandlungen des Transatlantic Trade and Investment Partnership immer mehr in den Vordergrund, im dem Punkt 3.5 wird verständlich was Investitionsschutzbestimmungen sind und warum sie nicht fehlen dürfen.

Das TTIP-Abkommen macht sich nicht nur auf den Zoll bemerkbar, sondern auch auf Dienstleistungen. Aufgegriffen wurden in dieser Hausarbeit die Auswirkung auf die Automobilbranche und auf die Umwelt und den Verbraucherschutz, ebenso die Auswirkungen auf die Landwirtschaft. In diesen Punkten wird deutlich erkennbar wie unterschiedlich die Verfahren der USA und der EU sind und was für Hürden überwunden werden mussten um ein Freihandelsabkommen durchzusetzen, womit auch die Bürger und Bürgerinnen beider Staaten einverstanden wären.

Es wird erkennbar, warum das Transatlantic Trade and Investment Partnership so stark diskutiert wird, die Punkte sind kritisch durchleuchtet und sowohl positive als auch negative Aspekte des TTIP werden hervorkommen. Beendet wird die Hausarbeit mit einer Frage. In dieser Hausarbeit wurden nur Quellen in deutscher Sprache genutzt.

2. Freihandelsabkommen

Ein Freihandelsabkommen wird zwischen zwei Ländern oder mehreren Ländern stattfinden, demnach bilateral und oder multilateral mit der Zielsetzung den Handel zwischen den Ländern zu vereinfachen. Das Transatlantic Trade and Investment Partnership, im Deutschen Handels- und Investitionspartnerschaft, zwischen der USA und der EU, ist ein bilaterales Freihandelsabkommen, somit haben auch nur die USA und die EU gegenseitig rechtliche Verpflichtungen und können mit Drittländern ihre Handelsbeziehung selbständig entwickeln. Durch das Freihandelsabkommen sollen Handelshemmnisse abgebaut werden und somit die Internationale Arbeitseinteilung effizienter umgesetzt. Jedes Land soll bei Produktionen auf seine Grundlagen aufbauen, sei es durch natürlichen Faktoren, durch Ausbildung oder Arbeitskräfte. Die Standtort Vorteile sollen bei der Produktion von Gütern ausgenutzt werden und ungehindert für den internationalen Handel zur

Verfügung stehen, denn somit werden die Effizienzvorteile nicht vergoldet. Das Resultat für die Verbraucher ist das die Produkte günstiger gekauft werden können.[2]

Ein Freihandelsabkommen versteht man als zu trage kommendes Regelwerk, welches unterschiedlichste Politikthemen enthält, dazu gehören nicht nur der Zoll und Warenhandel, sondern gleichzeitig auch die Umwelt und Sicherheitsstandards.[3]

Handelshemmnisse sollen abgebaut werden, doch was genau versteht man darunter und wie sind sie aufgeteilt? Man unterscheidet zwischen zwei Typen von Handelshemmnisse, zum einen die „nicht-tarifäre" Handelshemmnisse und die „tarifäre" Handelshemmnisse.

„nicht-tarifäre" Handelshemmnisse: Inbegriffen sind technische Vorschriften sowie die Vorschriften über Sicherheit von Lebensmitteln und Arzneimitteln, ebenso sind die industriellen Sicherheitsstandards Teil der nicht-tarifären Handelshemmnisse. „tarifäre" Handelshemmnisse: Hier sind allgemeine Einfuhrkosten und Zölle inbegriffen.[4]

Die EU und die USA investieren jährlich gegenseitig mehrere Milliarden US Doller ineinander. Diese wirtschaftlichen Verknüpfungen, sollen mit dem Freihandelsabkommen TTIP vertieft und ohne Hindernisse ausgebaut werden. Dieses Handelsabkommen ist genau genommen ein völkerrechtlicher Vertrag, diese werden zwischen Staaten abgeschlossen, um zum Beispiel in der Politik gemeinsame Ziele zu erarbeiten. Die ausgehandelten Verträge, werden dem Parlament vorgelegt und durch eine Mehrheit im Parlament, kann der Vertrag in Kraft treten und beide Seiten sind zur Einhaltung des Vertrages verpflichtet. Die Europäische Union stellt in erster Hinsicht kein Staat dar, somit wäre sie theoretisch nicht befugt Verträge abzuschließen, da die Europäische Union nach den Bestimmungen des Lissabon-vertrags (Art.47 EUV) ein Völkerrechtssubjekt ist, hat sie die Ermächtigung Verträge abzuschließen.[5]

Die verschiedenen Themenfelder der Politik, die bei einem Freihandelsabkommen entstehen, werden beziehungsweise müssen zusätzlich noch in den nationalen Parlamenten der EU-Staaten abgesegnet werden. Rechtlich sind völkerrechtliche Verträge genauso einzuhalten wie andere Verträge auch, die Differenz liegt im Problem der Durchsetzbarkeit. Als Privatperson hat man die vertraglichen Richtlinien einzuhalten, wenn dies nicht

---

[2] Vgl. Heinrich Böll Stiftung, die Grüne Politische Stiftung (2018a), Zugriff am 27-06-2018., o.S.
[3] Vgl. Klimenta, Fisahn (2014), S. 12.
[4] Vgl. Heinrich Böll Stiftung, die Grüne Politische Stiftung (2018b), Zugriff am 27-06-2018., o.S.
[5] Vgl. Klimenta, Fisahn (2014), S. 7-12.

der Fall ist, besteht die Möglichkeit das der Vertragspartner rechtliche Schritte einleiten kann wie zum Beispiel durch einen Gerichtsvollzieher. Dies ist bei Verträgen zwischen Staaten nicht möglich, dort können nur vertraglich festgehaltene Gerichte hinzugezogen werden, ein Beispiel ist der Europäische Gerichtshof. Durch die politischen Verpflichtungen der Staaten, ist die rechtliche Bindung einzuhalten.[6]

3. theoretische Grundlagen

Im Jahr 2013 begann die USA und die EU, über das Freihandelsabkommen TTIP zu verhandeln. Beide stehen knapp für die Hälfte des Weltsozialproduktes und einen Drittel des globalen Handels. Ebenso stehen sie zusammen für 30 Prozent der internationalen Patente und mit 60 Prozent der globalen Direktinvestition sind sie ganz weit vorne. Davon abgesehen umfassen beide Staaten 12 Prozent der Weltbevölkerung.[7]

In den folgenden Unterpunkten wird erklärt wie es geschichtlich vorranging bis hin zum heutigen Transatlantic Trade and Investment Partnership. Anschließend wird die Theorie des Freihandelsabkommen anhand einiger Zahlen deutlicher. Ebenso wird sich damit beschäftigt welche Punkte TTIP beinhaltet und welche Ziele daraus resultieren.

3.1 Die Entwicklung zum heutigen Freihandelsabkommen TTIP

Im Jahr 1990 wird erstmals die transatlantische Erklärung, mit einem deutlichen Ziel der wirtschaftlichen marktliberalen Integration, verabschiedet. Regelmäßige Treffen zwischen der EU und der USA fanden statt, doch diese Erklärung führte zu keinem Ergebnis. 1995 wurde ein Vorschlag zu Verhandlung präsentiert, um die Handelshemmnisse abzubauen, dieser nannte sich Trans-Atlantic Free Trade Agreement (TAFTA), Ziel war es, die Befürchtung der Abwendung der USA nach dem Kalten Krieg zu verhindern, indem TAFTA das militärische Bündnis NATO ergänzt. Auch dieser Freihandelsabkommen wird nicht umgesetzt, jedoch wird im gleichen Jahr das Transatlantic Business Dialog (TABD) gegründet. Zwischen der USA, der EU und Großunternehmen, findet eine Zusammenarbeit statt, somit wird der Transatlantic Business Dialog für die transatlantische Zusammenarbeit zum Hauptgegenstand.[8] Um den Transatlantic Business Dialog antrieb beizutragen, sollte zur gleichen Zeit die New Transatlantic Agenda, diese diente dem

---

[6] Vgl. Klimenta, Fisahn (2014), S. 12-13.
[7] Vgl. Welfens (2017), S. 2.
[8] Vgl. Lobbypedia (2018), Zugriff am 29-06-2018., o.S.

besseren Dialog auf Nicht-Regierungsebene. Neun Abkommen folgten in der Zeit zwischen dem Jahr 1997 und dem Jahr 2002, diese beinhalteten Bereiche wie die technische Regulierung oder der Anerkennung von Standarts auf Gegenseitigkeit. in Praktisch allen Bereichen der Regulation gab es in beiden Staaten, der USA und der EU, unförmliche und förmliche Gespräche. 2002 dann die Verabschiedung des Guidelines für Regulatory Cooperation and Transparency, dem noch weitere Dialogforen folgten, wie z.b. im Jahr 2005 das High -Level Regulatory Cooparation Forum. Doch all diese versuche stagnierten, materielle Neuerungen wurden kaum herbeigeführt, vertrauen fehlte auf beiden Seiten, somit wurden Abkommen über eine gegenseitige Anerkennung nicht umgesetzt, ebenso fehlte es an Koordination sowie an politischer Pflicht. Mit diesem wissen, begründetet Angela Merkel im Jahr 2007 gegenüber dem damaligen US-Präsidenten Bush und Barroso dem EU-Kommissions-Präsident, den politischen Rückhalt auf ministerieller Ebene zu Stärken. Dies alles geschah im Ramen des TEC, dem Transatlantic Economic Council. Unteranderem wird das Transatlantic Economic Council vom Transatlantic Business Dialog beraten. Im Auftrag des EU-U.S. Gipfels im November 2011 richtete das Transatlantic Economic Council die High-level Working Group on Jobs and Growth ein, welches die Grundsteine für die jetzigen TTIP Verhandlungen vorbereiteten.[9] Im Jahr 2013 hat schlussendlich Barack Obama, damaliger US-Präsident, und Barroso, damaliger EU-Kommissionspräsident, im G8 Gipfel den Startschuss für die Verhandlungen zum Transatlantic Trade and Investment Partnership ausgesprochen.[10]

3.2. Theorie zum Freihandelsabkommen TTIP

Bei einem Freihandelsabkommen geht es darum, einen uneingeschränkten Handel von Waren zu erreichen. Dies kann mit dem Abbau von Zöllen oder keiner Beschränkung der Wareneinfuhr einhergehen. Das Transatlantic Trade and Investment Partnership Mandat befasst sich nicht nur mit dem Warenverkehr, es umfasst z.b. auch Dienstleistungsfreiheiten, es beinhaltet verschiedene Wirtschaftsunternehmen vom Schnellrestaurants bis zum Finanzdienstleister. Hinzugehören sowohl die Kapitalverkehrsfreiheit und der Schutz von Direktinvestitionen. Der Schutz vom geistigen Eigentum bezieht sich z.b. auf Patente von Arzneimittel.[11] Im Zollabbau geht es insbesondere um die Sektoren der

---

[9] Vgl. Hans Böckler Stiftung (2018), Zugriff am 30-06-2018., S. 11-12.
[10] Vgl. ARD (2018), Zugriff am 30-06-2018., o.S.
[11] Vgl. Welfens (2017), S. 2.

Automobilindustrie, um den Sektor der chemischen, pharmazeutischen und medizintechnischen Industrie, dem Agrarsektor und dem Energie und Rohstoffsektor.[12]

Ein besonderer Faktor des TTIP, liegt im Beispiel der Zolltarife. Im Jahre 1947 wurde das GATT-Abkommen (General Agreement on Tariffs and Trade) abgeschlossen, diese sorgte in der Freihandelspolitik seid dem für den Abbau von Zöllen. Mit dem TTIP-Mandat soll eine Abschaffung der Zölle im bilateralen Handel stattfinden. Seid dem GATT-Abkommen sind die Zölle zwischen USA und Europa kontinuierlich zurückgegangen, wie z.b. auf Industrieprodukte von 45 Prozent in den 1950er Jahren[13] auf aktuell 2,8 Prozent. In Bezug auf diese Information könnte man meinen, es existiere teilweise ein Transatlantic Trade and Investment Partnership.[14]

Trotz der stabilen geringen Zölle, zwischen den beiden Vertragspartnern werden in anderen Bereichen Spitzenzölle gefordert, die EU bezieht im Agrarhandel bis zu 205 Prozent an Zoll. Diese Machenschaften beiderseits, werden vollzogen um sich zu schützen. Wie schon erwähnt, würde der Zollabbau in der Landwirtschaft der EU negative Folgen auf deren wirtschaftliche Situation haben, denn billigere Agrarimporte aus dem USA würden den europäischen Markt überfluten.[15]

3.3. Ziele des TTIP

Die Punkte, die mit TTIP erreicht werden sollen, sind zum einen Zollabbau, Abbau von nicht-tarifären Handelshemmnisse, Direktinvestitionshemmnisse beseitigen, Kooperation in der Regulierungspolitik, im besten Fall die gegenseitige Anerkennung von Standards und ebenso soll das öffentliche Auftragswesen für den transatlantischen Handel geöffnet werden. Der Abbau der handelsschraken führt zu transatlantische Handelsschaffungseffekte, durch diese Effekte erhofft man sich eine stärkere transatlantische Arbeits- und Wissensteilung. Das jedoch ist nicht der einzige Effekt, denn gleichzeitig wird ein Handelsumlenkungseffekt gegenüber Drittländern entstehen, dies führt zu einem geringeren Import in die EU und USA. Die durch das TTIP entstehenden Realeinkommensgewinne der USA und der EU führen zu einer höheren nachfrage des Imports aus Drittländern. Hinzu kommt das es einige Drittländer gibt, die ebenso Freihandelsabkommen mit

---

[12] Vgl. Hans Böckler Stiftung (2018), Zugriff am 01-07-2018., S. 16.
[13] Vgl. Klimenta, Fisahn (2014), S. 17-18.
[14] Vgl. Hoffmann (2017), S. 36.
[15] Vgl. Klimenta, Fisahn (2014), S. 18.

den USA und der EU haben, diese werden durch den Wirtschaftsaufschwung den TTIP mit sich bringen soll, genauso profitieren.[16]

3.4 Die Transparenz der Verhandlungen

Die Transparenz der Verhandlungen ist zunächst sehr umstritten gewesen, die Bevölkerung wusste von den Verhandlungen, doch nicht um den Inhalt dessen, es sickerte keine Information durch. Das Misstrauen wuchs und die Forderung für mehr Transparenz wurden immer stärker, doch die Bundesregierung, so Sigmar Gabriel (zu der Zeit Bundeswirtschaftsminister) setzte sich von Anfang an dafür ein, den Prozess der Verhandlungen transparent zuhalten.[17] Es stellt sich heraus das Frankreich die Veröffentlichung des Mandats forderte und das schon nach der Ersten Runde der Verhandlungen, Deutschland jedoch blockierte den Antrag gemeinsam mit anderen Ländern ab, die Begründung war, das die Gespräche dadurch gefährdet sein könnten. Der Druck der Öffentlichkeit lies nicht nach und mit einer Verzögerung von mehr als einem Jahr, wurde das Mandat bekanntgegeben und Sigmar Gabriel äußerte sich, wie eben erwähnt diesbezüglich positiv.[18]

Seit dem 1. Februar 2016 durften Mitglieder nationaler Regierungen in den so genannten TTIP-Leseraum, der in der EU-Kommission Brüssel zu finden ist. Zu lesen gibt es in dem Raum die Verhandlungsdokumente zwischen der USA und der EU. Die Eröffnung des Leseraums sollte ein Meilenstein in der Transparenz darstellen. Die geheim eingestuften konsolidierten Verhandlungsdokumente zeigen die Positionen der Verhandlungen auf und in welchen Punkten eine Kommunikation stattfand. Jedoch um in diesen Leseraum zu gelangen reicht es nicht aus ein Abgeordneter oder Bundesrats-Mitglied zu sein, denn um dort Zutritt zu erlangen muss ein Lesetermin in eine Liste, die von Bundestag verwaltet wird, eingetragen werden. Mit der Eintragung in dieser Liste sind die angemeldeten Abgeordneten oder Bundesrats-Mitglieder dazu verpflichtet gewisse Richtlinien einzuhalten, genauer genommen den Regeln mit dem Umgang von Geheiminformation, wie z.B. das Geheimhalten der darin beschafften Information. Es ist gestattet sich handschriftliche Notizen zu machen jedoch darf keines der Dokumente kopiert oder abfotografiert

---

[16] Vgl: Welfens (2017), S. 2.
[17] Vgl. Die Bundesregierung (2018), Zugriff am 02-07-2018., o.S
[18] Vgl. Bode (2015), S. 37.

werden, ebenso müssen die Notizen beim Verlassen des Leseraums wieder abgeben werden.[19]

Trotz des Interesses der Bundesregierung die Verhandlungen Transparenter zu gestalten und des erhofften Meilensteines mit der Eröffnung des Leseraumen, lässt es sich schwer verstehen, wie die Transparenz dadurch mehr vorhanden sein soll als vorher. Zumindest bleibt bis hier die Transparenz in Hinsicht auf das Verständnis seitens der Bevölkerung unverändert.

Dass die Verhandlungen unter Ausschluss der Öffentlichkeit stattfindet ist sorgsam, doch ebenso problematisch ist, dass auch die zivilgesellschaftlichen Akteure ausgeschlossen werden. Ebenso wenig hat das Europaparlament die Chance zur Entwicklung der Verhandlungen beizutragen, diese bekommen lediglich das Wissen über den Stand der Verhandlungen mitgeteilt. Die Transparenzoffensive die von der EU-Kommission im Jahre 2014 eigeleitet wurde, beinhaltete nur ausgewählte Punkte. Die Schwerpunkte jedoch wurden nicht benannt z.b. Themen wie Investitionen und Dienstleistungen.[20]

Erhöht wurde die Transparenz durch die Veröffentlichung der Positionspapiere der EU. Die Verhandlungen sollen nicht geheim sein, jedoch sind z.b. die Verhandlungspapiere der USA nicht öffentlich einsehbar [21] und hinzukommt, dass die USA Wiederspruch auf Veröffentlichungen von Dokumenten, die Bezug auf die USA nehmen, erheben kann.[22]

Warum aber so geheimnisvoll? Im Grunde handelt es sich in diesem Freihandelsabkommen, nur um Vorteile für die Bevölkerung der beteiligten Länder. Eine Genaue und Überzeugende Erklärung, die verständlich macht, warum es in einer Demokratie solch Geheimnisse zwischen den Wirtschaftsländern gibt, war und ist nicht gegeben. Trotzdem sind die Verhandlungen transparenter als bisher in anderen Freihandelsabkommen. Jedoch ist das Problem nicht, dass die Otto-Normal Bevölkerung z.B. keinen Zutritt in den Leseraum hat und im Allgemeinen schwer an Information rankommt, sondern eher das der Leseraum für die Parlamentarier zur Verfügung steht ohne wirklich Information daraus ziehen zu können. Es ist nicht verwunderlich das die Bevölkerung misstrauisch gegenüber den Verhandlungen steht, wenn nicht mal die gewählten Parlamentarier

---

[19] Vgl. Die Bundesregierung (2018), Zugriff am 02-07-2018., o.S.
[20] Vgl. Arbeitskammer des Saarlandes (2018), Zugriff am -02-07-2018., o.S.
[21] Vgl. BDI (2018), Zugriff am 02-07-2018., o.S.
[22] Vgl. Arbeitskammer des Saarlandes (2018), Zugriff am -02-07-2018., o.S.

vollständige Einsicht gewärmt bekommen. Führende Wirtschaftsvertreter wie z.B. die Öl- und Pharmaunternehmen bekommen nicht nur Zugang zu den Dokumenten, sie sind auch während der Verfassung der Vertragstexte mit eingebunden.[23]

3.5 Schiedsgerichte

Der Investorenschutz wurde während den Verhandlungen des Freihandelsabkommen immer wichtiger. In diesem Punkt wird deutlich wie die Investitionsschutzbestimmungen funktionieren und wie die Schiedsgerichte aufgebaut sind.

Die Investitionsschutzbestimmungen haben massive Proteste an den Tag gelegt und das sowohl in Deutschland als auch in mehreren EU-Ländern. Die Schiedsgerichte sind im Investitionsschutzabkommen mit Privatpersonen besetzt, statt mit öffentlich bestellten Richtern. Diese Paralleljustiz könnte die regulären Rechtsprechungen aushebeln. Ebenso sind die Prozessunterlagen und die Verhandlungen nicht öffentlich, des Weiteren sind diese in einigen Fällen sogar der parlamentarischen Kontrolle entzogen. Eine der wichtigen Merkmale, ist dass es zu diesen Schiedsgerichten keine Revision gibt. Die Regelungen zum Investitionsschutzes werden aufgenommen um international agierende Unternehmen zu schützen, geschützt werden die Unternehmen vor zielloser Behandlung durch die Regierungen ihrer Gastländer. Dieser Investitionsschutz ist immer dann notwendig, wenn eines der Länder diktatorische Züge aufweisen, welches aber in diesem Fall, der Verhandlungspartnern nicht gegeben ist. Jedoch wird somit ein Präzedenzfall vorgebeugt, wenn es um die Verhandlungen mit andern Ländern geht. Der Investorenschutz wird von der Industrie befürwortet, denn wenn sie vor dem Schiedsgericht im Fall der Fälle gewinnen sollten, erhalten sie den Zuspruch einer Entschädigungszahlung, sollten sie den Fall, der vor dem Schiedsgericht ausgetragen wird verlieren, gehen sie lediglich leer aus. Den Staaten, die beklagt werden, geschieht genau das Gegenteil, gewinnen sie dann zahlen sie keine Entschädigung, verlieren sie so zahlen sie eine Entschädigung. Private Schiedsgerichte führten bislang noch zu keinen Problemen, die unterlegenen Parteien leisteten den Entscheidungen des Schiedsgerichts folge, ebenso die daraus resultierenden Vergleiche, sprechen für die Effizienz der Schiedsgerichte, doch die Zeit ist im Wandel und es

---

[23] Vgl. Bode (2015), S. 32-34.

kommen immer mehr Beispiele auf, für was Konzerne Schiedsgerichte nutzten.[24] Genau diese Beispiele sind es, die die Kritik der Bevölkerung gegenüber Investitionsschutz bestärkt.

Ein Beispiel: Philip Morris der seinen Hauptsitz in Amerika hat klagt gegenüber der Regierung von Australien. In Australien wurde ein gesetzt verabschiedet welches die Werbemöglichkeiten auf den Zigarettenschachteln beeinträchtigt. Der Clou daran ist, dass es zwischen Amerika und Australien keinen Investitionsschutzabkommen gibt, doch um seine Klage stützen zu können beruft er sich auf das Investitionsschutzabkommen zwischen Australien und Hongkong, möglich ist das durch eine Niederlassung in Hongkong. Investitionsschutzabkommen sind demnach ein lukratives Geschäft, doch für kleine Länder kann das fatale finanzielle Folgen haben. Folglich lässt sich daraus schließen das ein Investitionsschutzabkommen im TTIP Verfahren zu verankern ist, allerdings um nicht den Missbrauch von Großkonzernen zu verfallen, sollte man diesen Investitionsschutzabkommen anders und besser als vorherige Investitionsschutzabkommen durchführen.[25]

4. Auswirkungen auf die Automobilbranche

Mit den Verhandlungen des TTIP, soll ein noch besserer Freihandel möglich werden. Betrachtet man die Lage der Automobilindustrie im Zusammenhang mit TTIP, ist festzustellen, dass über 3 Millionen Menschen, eine Beschäftigung in der Automobilbranche haben. Die USA importierte ca. 14 Prozent ihrer PKWs aus Deutschland, dies entspricht einer Summe von gut 20 Milliarden Euro. Die Automobilproduktion deutscher Hersteller in den USA wuchs die letzten Jahre um mehr als einen Drittel, viele der in Amerika produzierten PKWs werden nach Europa exportiert. In Europa und den Vereinigten Staaten werden verschiedene technische Vorschriften und Prüfverfahren angewandt, dadurch ist der Handel erschwert und teuer. Diese zusätzlichen Kosten, sollen mit der Vereinheitlichung der Richtlinien und Einführung der transatlantischen Handels- und Investitionspartnerschaft, minimiert werden.[26]

Die Automobilbranche entwickelt ein großes Handelsvolumen, demzufolge sind die Zollzahlungen beträchtlich. Nach einer Addition der Import und Exportzölle, entstehen für

---

[24] Vgl. Econstor (2015), Zugriff am 04-07-2018., S. 1-5.
[25] Vgl. Econstor (2015), Zugriff am 04-07-2018., S. 5-9.
[26] Vgl. Koers (2017), S. 45-46.

die Automobilindustrie in Deutschland jährlich mehr als 1 Milliarde Euro an Zollkosten. Diese tarifären Handelshemmnisse könnten mit dem Transatlantic Trade and Investment Partnership Mandat positiv beeinflusst werden, mit dem Kapital der Zollkosten ersparnis, ist es vorstellbar Forschung und Entwicklung voran zu treiben.[27]

Die nichttarifären Handelshemmnisse haben neben den Zöllen eine enorme Bedeutung. Wie in der Einführung in dieses Thema erwähnt, sorgen unterschiedliche Vorschriften in der USA und der EU, dafür das die Hersteller aus Europa und Amerika verpflichtet sind ihre Fahrzeuge dem jeweils anderem Markt anzupassen. Durch die z.b. doppelte Forschung oder doppelte Beschaffung der Hersteller, entstehen immense Kosten, diese doppelten Vorgehensweisen könnten in Zukunft vorangebracht und optimiert werden. Mit der Zusammenführung der Vorschriften, wäre es möglich, dass kleine und mittelständische Unternehmen entlastet werden. Diese Unternehmen können sich im Gegensatz zu Großunternehmen, den bürokratischen Aufwand und die administrativen Kosten in der Regel nicht leisten, da z.b. der Preis pro Stück gemessen an Produktionsmengen zu hoch sind.[28]

Dementsprechend können die Exporte für die Automobilindustrie der EU und der USA, nach einer Reduzierung der Zölle und nichttarifären Handelshemmnissen, zu einem Anstieg führen. Ebenso wird mit der Zusammenführung der Richtlinien, nicht notwendige Bürokratie verringert und das Niveau zum Erhalt des Schutzes für die Konsumenten in Amerika und Europa wird beibehalten. Um Handelsbarrieren in Zukunft zu vermeiden, sieht die Automobilbranche große Chancen in einer effektiven regulatorischen Zusammenarbeit, wobei die Regulierungshoheit der Vertragsparteien bestehen bleibt. Ein Freihandelsabkommen zwischen der EU und der USA, würden der Automobilindustrie im Bereich der Elektromobilität, im Zusammenhang fehlender einheitlicher internationaler Standards weiter voranbringen, um standardisierte Einbauteile zu etablieren. Europa und Amerika bietet sich die Chance mit TTIP hohe Qualitäts- und Schutzstandards, somit die Welthandelsordnung, wirksam zu entwickeln.[29]

---

[27] Vgl. Koers (2017), S. 47.
[28] Vgl. Koers (2017), S. 48.
[29] Vgl. Koers (2017), S. 50.

5. Auswirkungen auf dem Umwelt- und Verbraucherschutz

Die Abschaffung nicht-tarifärer Handelshindernisse, ist ein hergehen mit dem Verspre-
chen, dass eine Verringerung der Standards im Umwelt- und Gesundheitswesen, nicht
stattfindet. Bei der angekündigten Angleichung der Bereiche, geht es weniger um technische Details, es müssen Wege gefunden werden um bei komplett verschiedenen ansetzen
der Gesetzgebung einen gemeinsamen Standpunkt zu konkretisieren. Ein wichtiger Bau-
stein des Umwelt- und Gesundheitsschutzes ist das Chemikalienrecht und Fracking, Fracking ist die Förderung von unkonventionellem Gas. Der Mensch benutzt eine Vielzahl
von Chemikalien, diese werden in die natürlichen Stoffkreisläufe abgegeben, dass führt
gleichzeitig dazu, dass wir die Chemikalien und ihre Abbauprodukte zurückerhalten. 86
Tausend chemische Stoffe werden auf kommerzieller Weise genutzt. Das Chemikalienrecht von Europa und der USA unterscheiden sich, die Unterschiede in der Gesetzgebung
sind erheblich. Seit 1976 sieht das Toxic Substances Contol Act (TSCA) in Amerika, ein
Anmeldeverfahren für Neuanmeldungen für Chemikalien vor, der Hersteller muss die
Informationen, die er über sein Produkt hat, der Nationalen Umweltbehörde übermitteln.
Eine Erstuntersuchung ist nicht vorgesehen, erst wenn der verdacht besteht das die Substanzen in einer erhöhten Menge in die Umwelt gelangen, kann die Umweltbehörde Test
verlangen und das Inverkehrbringen minimieren. Das Recht die Produktion und den Ver-
trieb zu stoppe, ist erst möglich, wenn erwiesen ist, dass von der Chemikalie Gefahr aus-
geht. In der USA wurden seither erst Fünf Chemikalien und Chemikaliengruppen von der
TSCA verboten. Produkte, die vor dem Jahr 1979 auf den Markt kamen, sogenannte Altstoffe, wurden im Nachhinein nicht überprüft. Das TSCA z.B. sorgt mit ungenauen An-
gaben der chemischen Zusammensetzung eines Stoffes, für eine kaum mögliche Beurtei-
lung, wie hoch das Gefahrenpotenzial eines Stoffes ist. Die Umweltbehörde muss gleichzeitig auf eine kostengünstige Variante der Zusammensetzung zugreifen um den Hersteller möglichst wenig Aufwand und Kosten zu generieren.[30]

Im Jahre 2003 wurde in Europa die REACh- Verordnung (Verordnung zur Registrierung,
Bewertung, Zulassung und Beschränkung chemischer Stoffe) aufgenommen, diese geht
grundsätzlich davon aus, dass alle Stoffe schädlich sein können, gleichzeitig muss die
Industrie nachweisen, dass Ihre Stoffe unschädlich sind. Es entsteht eine

---

[30] Vgl. Klimenta, Fisahn (2014), S. 43-44.

Beweislastumkehr, womit die Hersteller für mehr Transparenz ihrer Stoffe sorgen. Hersteller und Importeure von neuen Stoffen sind verpflichtet, auf eigene Kosten, einen umfangreichen Sicherheitsbericht, über mögliche Auswirkungen auf die Gesundheit der Menschen und Umwelt zu stellen. Dieser Sicherheitsbericht beinhaltet nicht nur den Stoff, es müssen alle enthaltenen Produkte, wie sie freigesetzt werden könnten, offengelegt werden. Die Europäische Chemikalienagentur (EChA) führt eine Prioritätenliste für besondere Gefahrenstoffe. Diese Gefahrenstoffe müssen durch unschädlichere ersetzt werden. Altstoffe z.b., werden in Europa ebenso untersucht und es gelten die gleichen Richtlinien wie bei neuen Stoffen. Dies führt dazu, dass in Europa etliche Stoffe und Substanzen verboten sind, welche aber in Amerika noch auf dem Markt sind.[31] Der Verbraucher besitzt das Recht, Informationen über chemische Substanzen in den Produkten zu verlangen.[32]

Es ist festzustellen das Amerika und Europa eine unterschiedliche Herangehensweise bei der Zulassung neuer Produkte aufweisen. Die USA bzw. das TSCA bezieht sich auf das „Sound Scienc" Prinzip, also auf die soliden Wissenschaften, es greift erst wenn wissenschaftlich bewiesen ist, dass ein Stoff gefährlich ist. REACh oder Europa folgt dem Vorsorgeprinzip, dieses leitet sofort Schutzmaßnahmen ein, bereits bei einem Verdacht eines Risikos.[33]

Die Gefahr des Transatlantic Trade and Investment Partnership zwischen Amerika und Europa mit einer gegenseitigen Anerkennung des Chemiestandards, könnte damit einhergehen, dass Chemikalien aus der USA nach Europa importiert werden. Dies würde den amerikanischen Firmen einen erheblichen finanziellen Vorteil verschaffen und gleichzeitig würde es bedeuten, dass diese Chemikalien nicht nach dem REACh-verordnung untersucht werden. Es wird interessant zu beobachten sein, wie sich die EU in den weiteren TTIP Verlauf positioniert und ob das Vorsorgeprinzip weiterhin den Europäischen Chemiestandard vorgibt oder ob es durch TTIP zu einer amerikanischen Handhabung führt.[34]

---

[31] Vgl. Klimenta, Fisahn (2014), S. 44-45.
[32] Vgl. Bode (2015), S. 146.
[33] Vgl. Klimenta, Fisahn (2014), S. 46.
[34] Vgl. Bode (2015), S. 148 u. 150.

6. Auswirkungen auf die Landwirtschaft

Durch die Industrialisierung der Landwirtschaft, haben es regionale Landwirtschaftsbetreiber sehr schwer. Die Industriele Landwirtschaft drückt die preise in den Keller, wodurch Qualitätsorientierte und Regionale Landwirtschaft mit artgerechter Tierhaltung fast nicht mehr möglich ist. Das TTIP-Abkommen würde die Agroindustrielle Lebensmittelproduktion weiter voranbringen, sodass schnell, viel und billig produziert wird, was im Umkehrschluss viel Geld für die Industrie bedeutet. Abgesehen von den Gesprächen mit den USA über TTIP, führt die EU mit mehreren Ländern Handelsgespräche über die Landwirtschaft. Das Abkommen für dazu das hochwertige Standards in Europa angegriffen werden und durch kostengünstigere Industrielle Verfahrensweisen ausgetauscht werden, es sollen aber auch in diesem Segment die nicht-tarifären Handelshemmnisse, bzw. die Zölle abgebaut verringert werde. Um Zölle zu senken, muss wo anders gespart werden, es müssen Regeln und Qualitätsstandards angepasst werden. In der Massentierhaltung wäre ein Beispiel Wachstumshormone einzusetzen, dies ist in Amerika eine Masthilfe bei Rindern. Es würde gleichzeitig ein Zulassungsprozess für Gentechnikpflanzen, seitens der Konzerne vorangetrieben werden.[35]

Genpflanzen deren Anteil 0,9 Prozent übersteigt, müssen in der EU seit dem Jahr 2004 einen Hinweis tragen. Die Bauern z.B., müssen die Information ob sie ihren Tieren Genfutter verfüttert haben, nicht an den Verbraucher weitergeben, der Verbraucher weis davon nichts und wird dadurch zum unfreiwilligen Unterstützer einer Agro-Gentechnik. Im Jahr 2010 fand eine Lebensmittelinformationsverordnung dem Weg ins Europäische Parlament, die Abgeordneten wollten mit einem Beschluss dafür sorgen, dass Lebensmittel besser nach ihrer Herkunft deklariert werden. Durch gezieltem Lobbydruck auf die EU-Kommission wurde der Beschluss, dann doch wieder verworfen. Dem Verbraucher wird durch die Politik und Verschleierung der Fakten, weiter hinters Licht geführt und er soll weiterhin so wenig wie möglich über Herkunft und Inhalt der Lebensmittel wissen. Für TTIP Befürworter ist die Landwirtschaft ein Massengeschäft, wo es nicht um Qualität geht, sondern um ein Wertschöpfungsprozess, die kleinen Bauern verdienen dadurch kein Geld dafür aber die globalen Lebensmittelunternehmen.[36]

---

[35] Vgl. Klimenta, Fisahn (2014), S. 51-53.
[36] Vgl, Bode (2015), S. 161,162,164,165 u. 174.

7. Fazit

Das transatlantische Freihandelsabkommen hat einen langjährigen versuch hinter sich, jegliches versuchen eines abkommen ist gescheitert, so scheint es, dass das TTIP-Abkommen auch ins Schwanken kommt, denn seid Mitte des Jahres 2017 sind keine Verhandlungen mehr ersichtlich.[37]

Folglich lässt sich mit der kritischen Betrachtung des Transatlantic Trade an Investment Partnership nicht deutlich erkennen ob es eine rein positives oder negatives Abkommen ist, nach Betrachtung aller punkte ist klar das, dass TTIP-Abkommen in der Form nicht optimal ist. Eine Große Benachteiligung ist im Verbraucherschutz zu erkennen. Nicht ohne Grund unterschrieben in Europa 3,2 Millionen EU-Bürger und Bürgerinnen eine Petition gegen das TTIP-Abkommen. Anfang des Jahres 2016 befürworteten lediglich 15 Prozent der Amerikaner und 17 Prozent der der Deutschen das Freihandelsabkommen TTIP. Mehr als 300 Tausend Deutsche gingen gegen TTIP auf die Straßen.[38]

Letzten Endes lässt sich nur spekulieren ob die Verhandlungen positiv oder negative Auswirkungen haben würde, obwohl einige Studien diesbezüglich schon Stellung genommen haben. Zu deuten ist jedoch, dass das TTIP die Konzerne befürwortet und Otto normal Verbraucher auf der Strecke bleibt.

TTIP soll dazu führen den Handel zu erleichtern, er soll Standards festlegen, doch warum muss es erst solch ein Abkommen geben? Die Konzerne sind Teil der TTIP Verhandlungen, in der Theorie könnten sie auch Standards ohne Abkommen festlegen, doch das wäre höchstwahrscheinlich, weder gewinnbringend noch Machtbringend für die einzelnen Konzerne, dies lässt vermuten das die Konzerne die Oberhand erstreben und auf kosten der Bevölkerung Handel betreiben.

Jeder strebt nach seinem eigenen Profit, wie soll da Freihandel stattfinden und das auch noch gut für die Bevölkerung ausgehen?

---

[37] Vgl. Telepolis (2018), Zugriff am 11-07-2018., o.S.
[38] Felber (2017), S. 8.

Literaturverzeichnis

Bode, T., (2015): TTIP die Freihandelslüge; warum TTIP nur den Konzernen nützt – und uns alle Schadet, 1. Auflage, Deutsche Verlags- Anstalt, München.

Felber, C., (2017): *Ethischer Welthandel, Alternativen zu TTIP, WTO & CO,*Deuticke im Paul Zsolnay Verlag, Wien.

Hoffman, R., (2017): *Die deutsche Automobilindustrie zur transatlantischen Handels- und Investmentpartnerschaft (TTIP)*, in Welfens, P., *EU-Integration – TTIP – Wirtschaftsperspektiven*, Berlin /Boston, S. 36.

Klimenta, H., Fisahn, A., (2014): *Die Freihandeslfalle; Transatlantische Industriepolitik ohne Bürgerbeteiligung-das TTIP*, VSA-Verlag, Hamburg.

Koers, M., (2017): *Die deutsche Automobilindustrie zur transatlantischen Handels- und Investmentpartnerschaft (TTIP)*, in Welfens, P., *EU-Integration – TTIP – Wirtschaftsperspektiven*, Berlin /Boston, S. 45-50.

Welfens, P., (2017): *EU-Integration – TTIP – Wirtschaftsperspektiven*, Walter de Gruyter GmbH, Berlin/Boston.

Quellenverzeichnis

Arbeitskammer des Saarlandes, beraten. bilden. Forschen (2018): Mangelnde Transparenz, [https://www.arbeitskammer.de/fileadmin/user_upload/ak_download_datenbank/Politik/TTIP/MangelndeTransparenz.pdf], (02.07.2018)

ARD Planet Wissen (2018): TTIP, [https://www.planet-wissen.de/gesellschaft/wirtschaft/ttip/ttip-biga-100.html], (30.06.2018)

BDI (2018): 8. Transparenz der Verhandlung, [https://bdi.eu/themenfelder/aussenwirtschaftspolitik/ttip/faq/8-transparenz-der-verhandlungen], (02.07.2018)

Bundesministerium für Wirtschaft und Politik (2018): Transatlantische Handels- und Investitionspartnerschaft (TTIP), [https://www.bmwi.de/Redaktion/DE/Dossier/ttip.html], (26.06.2018)

Die Bundesregierung (2018): Neuer Leseraum für geheime Dokumente, mehr Transparenz bei TTIP, [https://www.bundesregierung.de/Content/DE/Artikel/2016/01/2016-01-27-ttip-leseraum-im-bmwi.html], (02.07.2018)

Econstor (2018): Kold, H., (2015): TTIP: Chance Handel - Risiko Investorenschutz, [https://www.econstor.eu/bitstream/10419/106937/1/817475958.pdf], (04.07.2018)

Hans Böckler Stiftung, Fakten für eine faire Arbeitswelt (2018): Das Transatlantische Handels- und Investitionsabkommen (TTIP) zwischen der EU und den USA, [https://www.boeckler.de/pdf/p_arbp_303.pdf], (30.06.2018)

Heinrich Böll Stiftung, die Grüne Politische Stiftung (2018a): 1. Was ist eigentlich ein Freihandelsabkommen? Warum wird es geschlossen?, [https://www.boell.de/de/2014/05/12/was-ist-eigentlich-ein-freihandelsabkommen-warum-wird-es-geschlossen], (27.06.2018)

Heinrich Böll Stiftung, die Grüne Politische Stiftung (2018b): 4. Was sind Handelshemmnisse, welche will das Transatlantische Freihandelsabkommen TTIP abbauen und warum? [https://www.boell.de/de/2014/05/12/4-was-sind-handelshemmnisse-welche-will-das-transatlantische-freihandelsabkommen-ttip], (27.06.2018)

Lobbypedia (2018): 1. Chronik der TTIP-Verhandlungsrunden, [https://lobbypedia.de/wiki/Chronik_der_TTIP-Verhandlungen#cite_note-33], (29.06.2018)

Telepolis (2016): Was wurde aus TTIP, Ceta und den anderen Freihandelsabkommen?, [https://www.heise.de/tp/features/Was-wurde-aus-TTIP-Ceta-und-den-anderen-Freihandelsabkommen-3935971.html], (11.07.2018)

BEI GRIN MACHT SICH IHR
WISSEN BEZAHLT

- Wir veröffentlichen Ihre Hausarbeit,
  Bachelor- und Masterarbeit

- Ihr eigenes eBook und Buch -
  weltweit in allen wichtigen Shops

- Verdienen Sie an jedem Verkauf

Jetzt bei www.GRIN.com hochladen
und kostenlos publizieren